Titolo originale dell'opera
The Tao of Women
© 1995 Humanics Limited

Traduzione: Giampaolo Fiorentini
Redazione editoriale: Mario Manzana e Isabella Bresci
Impaginazione: Marco Orsi
Progetto grafico: Tangram Strategic Design
Foto in copertina: © *Mario Finotti*

Prima Edizione novembre 1996

© per l'Italia: Edizioni L'Età dell'Acquario di Bresci I. & C. sas
Via Torchio 16 - 28075 Grignasco (NO)
tel. 0163/418.978 fax 0163/411.095

Tutti i diritti riservati.
Nessuna parte di questo libro può essere riprodotto o utilizzato in alcuna forma o con qualsiasi mezzo elettronico o meccanico senza il permesso scritto dell'Editore.

ISBN 0-89334-309-9

Il Tao delle Donne

Pamela K. Metz
Jacqueline L. Tobin

Edizioni L'Età dell'Acquario

L'alba di un nuovo giorno si leva sulla Terra
Quest'ora non è una corrente, ma un vortice
Ogni mondo personale riflette il cielo in fiamme
Per il Fuoco che divora le vecchie forme
MAESTRO MORYA

Ringraziamenti

Desideriamo ringraziare le nostre famiglie, i nostri amici, i colleghi, gli studenti, gli insegnanti e specialmente tutte le donne che hanno hanno dato un contributo diretto o indiretto al Tao delle Donne. Riconosciamo la sincronicità nella scoperta del Nu Shu e desideriamo ringraziare Norma Libman che, per prima, ne ha parlato; Su Chien-ling del The Awakening Foundation per averci messo in contatto con il nostro traduttore Nu Shu, Shi-huei Cheng. Abbiamo avuto il privilegio di lavorare con tutti voi.

Pamela ringrazia Gary Wilson e Robin Hall della Humanics Limited per aver continuato la tradizione di pubblicare libri sul Tao; Charlene Byers per la infallibile amicizia e tutte le donne e gli uomini che l'hanno aiutata su questo sentiero.

Jacqueline ringrazia il marito Steward per aver sostenuto i suoi sforzi con una 'stanza tutta per lei'; i figli Alex e Jasmine che le hanno mostrato le sue vere connessioni; la madre che le ha lasciato un retaggio da trasmettere; le sorelle B.J. e Debra che hanno creduto in lei.

Introduzione

Il Tao delle Donne è stato ispirato dal Tao Te Ching di Lao Tzu; esso lega l'antica filosofia taoista alla saggezza femminile. Poco prima della morte, Lao Tzu fu persuaso dai seguaci a riassumere i suoi insegnamenti in quelli che poi divennero i famosi ottantuno versi o capitoli. Il Tao Te Ching, 'Il Libro della Via', è stato fonte di riflessione filosofica per milioni di persone. Usiamo qui lo stesso stile nel desiderio di ricatturare e presentare la saggezza generata, per secoli, dalla vita delle donne, con la speranza che questa saggezza non vada perduta. Il Tao delle Donne significa 'La Via delle Donne' e sappiamo intuitivamente che, rimanendo in silenzio e ascoltando attentamente, saremo guidate dalle voci e dai messaggi delle nostre antenate.

Le storie femminili non sono state portate alla luce, pubblicate ed esaminate, e, fino a poco tempo fa, nemmeno se ne parlava. Queste storie sono nascoste nei lavori, nei ricami, nelle poesie e nelle nostre famiglie; intere vite nascoste nelle tradizioni femminili. Tutte le donne condividono il potere di creare, l'origine e le infinite possibilità della vita. In alcune brevi e intense meditazioni abbiamo cercato di catturare questo potere e di esplorare le molteplici prospettive e i molti ruoli che le donne hanno avuto attraverso le ere.

Incalcolabili generazioni di donne si sono susseguite prima di noi. Vite straordinarie di donne ordinarie perse nel tempo o dimenticate. Le donne non si incontrano più al pozzo, madri e figlie non siedono più a fianco, le nonne non sanno più a chi insegnare. La linea diretta di comunicazione tra le donne, già delicata e tenue, è sempre più lontana dalla nostra vita di tutti i giorni.

Durante la stesura del Tao delle Donne, è apparso un articolo di Norma Libman sul nostro quotidiano locale che riportava la recente scoperta di un alfabeto segreto usato anticamente in Cina solo dalle donne. Questo linguaggio segreto, chiamato Nu Shu (letteralmente 'scrittura delle donne'), si sviluppò come mezzo di comunicazione in una società in cui solo agli uomini era *permesso imparare a leggere e scrivere e quindi, con semplici caratteri, le donne comunicavano nonostante l'oppressione. Per sua struttura, questo linguaggio è semplice e agile, facilmente decifrabile da un occhio allenato ma praticamente insignificante per coloro che non lo conoscono. I caratteri Nu Shu venivano abbozzati tra le linee verticali della scrittura tradizionale cinese oppure cuciti su fazzoletti, ventagli, tovaglioli e inviati ad altre donne come semplici doni. Ci è stato detto che solo alcune anziane donne cinesi usano ancora il Nu Shu avendolo imparato dalle loro madri e nonne; pensammo subito che questa forma segreta di comunicazione andasse preservata e la sua storia resa nota.*

Il Nu Shu giunse all'attenzione dell'opinione pubblica nel 1950, nella montagnosa regione dello Hunan, in Cina. Una donna che cercava di ritrovare la casa della sua infanzia si recò alla stazione di polizia locale con l'indirizzo scritto su un pezzo di carta in scrittura Nu Shu. Nessuno riusciva a capire il linguaggio e nessuno lo aveva mai visto. Solo nel 1982 il Nu Shu fu studiato e decodificato.

Nella tradizione buddhista dello Hunan, tutti i beni di un defunto venivano bruciati e in questo modo molti manufatti originali che contenevano questo linguaggio vennero distrutti. Sperando di preservare questa eredità culturale prima che le ultime donne che lo usavano morissero, l'etnologa Hung Che-ping si recò nello Hunan; raccolse, studiò e tradusse tutte le opere Nu Shu che riuscì a trovare. Se non fosse stato per la sua diligenza e curiosità, tutto un patrimonio di canzoni, poesie, storie, lettere e autobiografie scritte a mano in linguaggio Nu Shu sarebbe andato irrediabilmente perso.

La signora Shi-huei Cheng, redattrice, traduttrice e membro del consiglio dell'organizzazione femminista cinese, 'La Fondazione del Risveglio', tradusse i titoli degli ottantuno capitoli del Tao delle Donne. Sono gli unici esempi di Nu Shu pubblicati in inglese (e ora in italiano - N.d.R.). Ella condusse un'ampia ricerca nello Hunan con un gruppo di donne che ancora usano il Nu Shu e pubblicò alcuni manoscritti sia in originale che tradotti in mandarino. Ci fu raccomandata da Su Chien-ling, la vice presidente della Fondazione del Risveglio, e noi abbiamo apprezzato molto il loro aiuto.

Siamo onorate di avere l'intestazione dei capitoli di questo libro illustrati con i caratteri Nu Shu e la loro traduzione. Un connubio appropriato dell'antico e mistico Tao con il misterioso linguaggio femminile in un libro che presenta la 'Via delle Donne'. Gli originali caratteri cinesi sono stati aggiunti non solo per mostrare la grande differenza tra le due forme di comunicazio-

ne, ma anche per mostrare come doveva apparire la scrittura originale; speriamo così di aver bilanciato maschile e femminile. Le donne sono sopravvissute comprendendo l'equilibrio e la completezza: essere donne e dare la vita agli uomini, essere delicate per superare gli ostacoli, retrocedere per andare avanti. Celebriamo e condividiamo questa saggezza femminile.

In ogni capitolo c'è spazio per le vostre annotazioni e riflessioni. Nell'intento di rivitalizzare la tradizione e tramandare storie di donne, vi incoraggiamo a usare questo libro come un diario per pensieri, idee, domande e riflessioni; in fondo al libro troverete un indirizzo presso cui inviare la vostra riflessione preferita, sia essa una poesia, un disegno, una storia o un consiglio. Questi capitoli sono insegnamenti per vivere la vita come donne, la saggezza che desideriamo per le nostre figlie. Quali lezioni vorresti trasmettere? Quali sono le lezioni che ci accomunano come donne e che vorresti condividere?

Anche se le donne sono sopravvissute nella storia vivendo in silenzio, la loro forza può essere sentita da coloro che sanno ascoltare. Le donne di tutte le culture, anche senza possedere un proprio linguaggio, spesso senza saper leggere e scrivere, hanno sempre trovato il modo di comunicare. Il Tao delle Donne è una versione moderna del linguaggio Nu Shu. Leggete tra le righe e troverete l'eterno linguaggio delle donne. Rimane segreto solo a coloro che non cercano e non vogliono capire. Con questi versi e traduzioni rompiamo il silenzio, proclamiamo la nostra saggezza femminile sapendo che ci collega tutte. Quando il silenzio è rotto e il codice decifrato, scopriamo il filo della tradizione femminile che ci collega; questo filo può servire da guida nei sentieri del labirinto della vita, conducendoci lungo il sentiero percorso da tante prima di noi. Il Tao delle Donne è tessuto con questo filo.

Leggete questi versi a voce alta, a voi stesse e ad altre donne. Ascoltate la voce delle nonne e i silenzi tra le loro parole. Il nostro legame è al di là del tempo, dello spazio e della cultura. Ricordate le donne che sono venute prima e quelle che verranno.

Il Tao delle Donne è un vostro retaggio. Passatelo ad altre.

Riflessioni:

1 Uscire allo scoperto

DAL TAO SI MANIFESTANO le storie che legano tra loro tutte le donne.
I fili sono stati tessuti per migliaia di anni.
I sentieri sono stati segnati da quelle che vennero prima.
Storie silenziose. Vite dimenticate.
Ora il silenzio è rotto; un coro si leva. Le donne parlano.

Riflessioni:

2 L'opera delle donne

Osano creare lo straordinario dall'ordinario. Prendono pezzi, ritagli e rimasugli e modellano cesti, coperte, recipienti, torte e famiglie.

Avere e non avere produce la giusta tensione per la creazione.

Osano creare senza atto, tessere senza filo, cantare in silenzio.

Terminata l'opera, la lasciano andare. Così può continuare da sé.

Che cosa straordinaria!

Riflessioni:

3 La donna intelligente

L A DONNA INTELLIGENTE si occupa delle proprie faccende e lascia che le altre facciano lo stesso. Tutto è ben fatto quando non ci si intralcia a vicenda.

Sa cos'è importante e trova il tempo per far visita ai chi ne ha bisogno. Onora le donne famose e apprezza le altre riconoscendo ciò che le unisce.

Conosce il suo posto nel mondo e lascia spazio. Glie l'ha insegnato l'esperienza della vita.

Riflessioni:

4 Contenere

L EI CONTIENE IL NUTRIMENTO del mondo.
La donna saggia dona liberamente ma estingue prima la sua sete.

Riflessioni:

5 Equilibrio

La donna saggia è come una madre che mette al mondo buoni e cattivi. La donna saggia è neutrale; a tutti apre le braccia.

Il Tao è come la donna saggia: priva di pregiudizi e sempre in equilibrio. Per lei, dare di più è avere di più. Più si parla di lei, meno la si comprende.

Rimani centrata; rimani in equilibrio.

Riflessioni:

6 Utero

LA DONNA SAGGIA ricorda le proprie origini.
Vi ritorna spesso per rigenerarsi e rinascere.
Ai bambini del mondo, la Madre Terra offre luoghi da esplorare, nutrimento e occasioni di crescita.
La donna saggia difende l'ordine naturale della creazione.

Riflessioni:

7 Legame

L A DONNA SAGGIA mantiene il legame con tutte le cose lasciandole andare.

Il bambino che rimane attaccato al seno, non diventa un uomo.

Lascia andare.

La bambina che vive i sogni di sua madre, non diventa una donna.

Lascia andare.

La sicurezza e la libertà del ragno sono affidate a fili che non si vedono.

Lascia andare.

Riflessioni:

8 Fluire

L A DONNA SAGGIA può adattarsi alla forma dell'ambiente ma non perde la sua vera forma. Non è essenziale alla sua natura rispettare i confini.
Non rinnega ciò che la forma. Per questo è libera.

Riflessioni:

9 Pienezza

LA TAZZA PIENA non può contenere di più.
La tazza vuota aspetta di essere riempita.
La tazza della donna saggia è sempre piena a metà,
pronta a ricevere e pronta a dare.

Riflessioni:

10 Generare

Sai generare e lasciare andare?
Sai occuparti degli altri senza rinunciare a prenderti cura di te stessa?
Sai indicare la via senza smarrire la tua?
Sai offrire sicurezza mentre tu stessa affronti l'ignoto?
Sai dissipare le paure dei bambini accettando le tue?
Tutto ciò che tocchi cambia.
Cambia tutto ciò che tocchi.
Questo processo è creazione.

 間

Riflessioni:

11 Tra le forme

Lo spazio tra le forme crea l'immagine.
Costruendo il senso della nostra vita,
immagine e sfondo s'invertono.
   Non è un'illusione.
Il vuoto è pieno: il pieno non lascia spazio.
   Oltre i confini è la sua terra selvaggia,
il luogo d'incontro con le altre.
   Lì le donne che cercano
rinnovano il sacro spazio tra le forme.
   Il vuoto è pieno: tra le forme, il mistero.

Riflessioni:

12 Intuizione

Il suo potere: percepire la vita direttamente senza astratte teorie.

Intuizione: intelligenza oltre le parole, arte di sopravvivere.

Fidati della tua intuizione: vai sempre al cuore delle cose.

Riflessioni:

13 Il suo sé, se stessa

SALIRE O SCENDERE da una montagna, riuscire o fallire, si fa nello stesso modo: un passo alla volta. Esiste un passo (alla volta) più difficile di un altro?

Mantenendo il legame con la terra, mantiene il contatto con se stessa.

Ogni passo della donna saggia rende sacro il suolo.

Riflessioni:

14 Saggezza

Se cerchi la saggezza, attraversa i confini, esci dai ruoli.
Siedi con donne e uomini che lavorano con le mani.
Partecipa alla vita.
Ascolta chi ha qualcosa da insegnare e parla con chi studia.
Chiudi i libri: le nozioni non sono saggezza.

Riflessioni:

15 Donne sagge

LE DONNE SAGGE camminano con noi come sorelle, figlie, amanti, amiche, madri.
Fanno ciò che va fatto, senza chiedere riconoscimenti.

Le apparenze ingannano: non puoi vedere prima di saper vedere.

La donna saggia non cerca riconoscimento:
lo cerca solo se si sente fraintesa.

La donna saggia sa come vivere: adotta la forma necessaria.

La vuoi incontrare? Cammina per le strade, sali sulle montagne, leggi i libri, parla con le giovani, guardala nel tuo specchio: è ovunque.

Riflessioni:

16 Cicli

Perché ci sia riconciliazione, dev'esserci stata separazione.

Perché giunga la primavera, dev'esserci stato l'inverno.

Un seme ha bisogno di tempo per germogliare: una donna ha bisogno di tempo per se stessa.

La marea segue la luna: un donna in contatto con la propria natura accoglie le maree della vita.

Riflessioni:

17 Levatrici

La donna saggia lascia che la partoriente dia alla luce da sola.
Una buona levatrice rimuove gli ostacoli, crea il giusto ambiente e poi si ritira.
Dopo il parto la madre è orgogliosa.
"Ci sono riuscita da sola!" - dice, e la levatrice è nell'ombra.

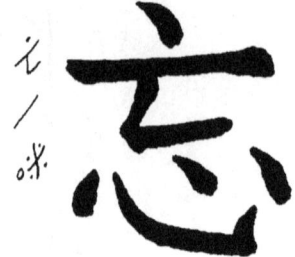

Riflessioni:

18 Dimenticare / ricordare

Dimenticate le vie femminili, si parla solo di maschi.
Dimenticate le storie delle donne, nascono solo eroi maschili.

Se la lingua parlata appartiene solo a mezza umanità, l'antica saggezza è perduta.

Ha senso reinventare la ruota a ogni generazione?

Riflessioni:

19 Fluire dal centro

La donna saggia procede dal centro verso l'esterno: fa ciò che va fatto.

Getta via i 'forse dovrei fare così', e tutto sarà fatto bene.

Getta via i ruoli, e chiunque potrà collaborare.

Procedendo dal suo centro, la donna saggia non incontra resistenze.

La vita fluisce.

Riflessioni:

20 Solitudine

S E SMETTI DI PREOCCUPARTI, i problemi scompaiono.
Perdere o vincere, importa davvero?
Importa davvero seguire la massa e conformarsi agli altri?
Tu rinunci alla tua identità per adeguarti a un modello?
Io sto con i bambini e la loro l'innocenza.
Tu possiedi tutto?
Io sono vuota e senza dimora, e la mia mente è aperta.
Tu sfavilli? Io resto nell'ombra. Tu sei tagliente? Io sono smussata. Tu sai ciò che vuoi? Io cerco sempre.
Turbino come neve nella tempesta: sembro senza scopo nè direzione. Ma com'è saldo il mio legame con la terra!

Riflessioni:

21 Riflettere

LA LUNA NON SI DOMA mettendole un nome: le maree si alzano e si abbassano comunque.
Arcano, imperscrutabile e misterioso, il potere di riflettere è in proporzione alla fonte luminosa.
Non si esiste senza gli altri: vederli come ostacoli ci limita.

Riflessioni:

22 Specchiare

Se rompi lo specchio, l'immagine non scompare. Ogni frammento la contiene intera, ogni seme è crescita in essenza.

La donna saggia rispecchia il potenziale di ogni cosa.

Riflessioni:

23 Incarnare

Fidati dell'istinto: l'istinto incarna la tua risposta più vera alle situazioni.

Quando la vita ti fa male, abbraccia il tuo male e la tristezza. Quando la vita ti dà gioia, celebra la tua felicità.

La donna saggia incarna la gioia di un istante, ed è subito pronta per ciò che viene dopo.

Riflessioni:

24 Radicarsi

S E TI LEGHI CON CORDE troppo strette romperai i tuoi veri legami.
 Se ti carichi di troppi impegni non avrai più tempo per te.
 Se fai troppo per gli altri toglierai a te stessa.
 Definendoti attraverso gli altri perderai la tua vera definizione.
 La donna saggia coltiva prima il proprio giardino.

Riflessioni:

25 Sorgente

Il cervo si chiede la causa di ciò che secerne il suo muschio,
la donna si chiede la causa della sua forza.
   Attribuiscila ad altri: darai loro potere su di te.
   Smetti di ricercarla: troverai la verità.
   Che risultati se cominciassi a cercare in te stessa!

Riflessioni:

26 Dimora

Nel buio si origina la luce, nell'immobilità si origina il moto.
La donna saggia si muove senza uscire di casa: in mezzo alle distrazioni rimane centrata in se stessa.
Perché correre qua e là come galline?
　Se ti allontani troppo non riconoscerai più la tua dimora.
　Se ti fai influenzare troppo perderai il contatto con te stessa.

Riflessioni:

27 Viaggiare

Persino il deserto dona qualcosa a chi lo attraversa: il cammello si evolve secondo le condizioni.

Traccia il tuo sentiero, programma il tuo viaggio, rallenta nelle curve della vita, segui la via meno battuta e ogni giorno sarai arrivata alla tua meta.

Perdersi è solo questione di punti di vista. Sempre pronta a metterti in cammino, viaggia con bagaglio leggero.

# 反

Riflessioni:

28 Opposti

G LI OPPOSTI FORMANO la danza della vita.
Il maschile non è migliore del femminile, la luce
non è migliore del buio.
 Insieme fanno il tutto.
 Se vedi solo le differenze, perdi la visione dell'insieme.
 Sali sulla montagna e guarda la valle:
entrambe hanno qualcosa da insegnare.
 La donna ammira la statua e riconosce la pietra.
 Guardare alla sorgente: possibilità infinite.

Riflessioni:

29 Stagioni

CELEBRA LE STAGIONI della tua vita: bambina, adolescente, donna, anziana.

Collaborare in questo con Madre Natura è la tua scelta.

Ogni cosa ha il suo tempo. Non puoi sbarrare il fiume né incalzarlo: va dove deve.

Riflessioni:

30 Coraggio

AVVENTURATI NELL'IGNOTO traccerai sentieri per chi viene poi.
Fare qualcosa per prima permette anche ad altre di farlo,
con meno rischi per loro.
La donna saggia ricorda sua nonna ma va per la propria strada.
Il Tao delle donne: essere esploratrici.

Riflessioni:

31 Silenzio

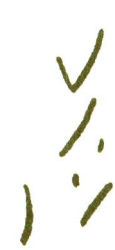

Il silenzio è lo strumento dell'oppressione. Parla!
Chi dirà della nostra realtà se non tu e io? Parliamo!
Se nessuno conosce il nostro linguaggio, chi ci capirà? Parliamo!
Se nessuno ci capisce, non saremo mai comprese. Parliamo!
Parla alle altre della tua verità: uomini e donne ti ascolteranno.
Se non parli, chi romperà il silenzio?
Chi insegnerà alle nostre figlie se non tu e io? Parliamo!

Riflessioni:

32 Donne e uomini: il Tao

L'ARMONIA TRA UOMINI e donne è il riflesso del Tao. Collaborando, l'insieme è maggiore delle sue parti.
L'uomo non è più forte, la donna non è più bella: le parole sono il riflesso di chi le pronuncia.
Ogni fiume segue il suo corso, per fondersi con gli altri nell'oceano.
La terra accoglie il sole alla fine del giorno.
Il sole a mezzogiorno si sta ancora alzando o ha iniziato a calare?
Dipende da come lo vedi.

Riflessioni:

33 Conoscere se stesse

Conoscere l'altro è saggezza. Immobile, conosci te stessa. Inspira.

Organizza la tua vita. Immobile, osservane gli sviluppi. Espira.

Stabilisci le priorità, poni gli obiettivi. Immobile, guarda il cammino.

Inspira, espira. Inspira, espira.

Immobile, mentre respiri, conosciti.

Riflessioni:

34 Misteri femminili

Dopo il buio la luce, dopo la luce il buio.
La luna riflette alcuni elementi del tutto,
gli istinti riflettono la luna.
   Fidati dell'intuizione per ritornare a casa.
   Non più della luna, non meno del sole:
arcani misteri celebrati dagli iniziati molto tempo fa.

Riflessioni:

35 Camminare sul sacro sentiero

Tutti i sentieri sono stati calcati da quelle che vennero prima:
non stai camminando da sola.
Demetra, Persefone, Athena, Penelope, Diana, Deborah, Cecilia. Sono già passate di qui. Non stai camminando da sola.
Il loro cammino, la loro vita, la loro storia guidano la tua.
Ascolta le donne che sono passate prima di te: non perderai la strada.

Riflessioni:

36 La Via delle donne

L A FIGLIA, seduta accanto, impara a cucire.
La donna saggia non si affretta a disfare i punti sbagliati.
Sorride, capisce, e continua a cucire la sua tela.
La figlia imita la madre: agisci perciò sempre con saggezza.
Tua figlia ti guarda.

Riflessioni:

37 Trasformazione

Impara a fare di più facendo meno.
Nell'inattività avvengono le trasformazioni.
Inizia a conoscere il non fare: inizierai a conoscere il Tao delle donne.

Riflessioni:

38 La propria storia

LA DONNA SAGGIA interpreta la parte che le è stata assegnata, ma scrive lei stessa il copione.
Sa cos'è vero: non alimenta le illusioni.
Non limitando se stessa, non getta la colpa sugli altri: è libera di scrivere la propria storia.

Riflessioni:

39 Frammenti del tutto

La donna saggia riconosce il tutto in ogni frammento.
Niente si spreca: tutto ha il suo posto e il suo diritto.
   Tempesta di neve: ogni fiocco è unico.
   Coperta: ogni riquadro è unico. Assieme ricoprono la terra; divisi, il disegno scompare.
   La donna saggia considera ogni frammento con amore e fiducia.
   Sa che tutti partecipano al Tutto.
   La tessitrice sa che la vita è un intreccio di fili.

Riflessioni:

40 Ritorno

AFFRONTATI I DRAGHI, attraversati i deserti, aperta una via nella foresta: ora è il tempo del ritorno.

Scegli con saggezza e porta con te i doni ricevuti, ricorda ciò che hai imparato.

Adesso sei fragile: sii dolce con te stessa.

Dall'esterno, ritorna all'interno. Dall'interno, ritorna all'esterno.

Ora i confini sono tenui e più pericolosi.

I ricordi gridano per imporsi, molte lezioni si dimenticano.

Parla di ciò che hai imparato: altrimenti andrà tutto perduto.

Riflessioni:

41 Sentiero

LA DONNA SAGGIA ode parlare del Tao e s'incammina sul suo sentiero.
La donna comune è indecisa sulla strada da prendere.
La donna stolta vede solo gli ostacoli.
Alcuni dicono che il sentiero è lungo e oscuro.
La donna saggia procede facendo luce nel buio, aprendo una via dove non c'era.
Le sue orme tracciano un sentiero.

Riflessioni:

42 Comunità di unicità

Dall'uno, il due. Dal due, il tre. Tutto nasce dalla donna.

Armonica collaborazione tra uomo e donna, congiunzione degli opposti: vera unione. Le sue possibilità sono infinite.

Molte temono la solitudine. La donna saggia usa la solitudine per riconoscere la sua unicità.

Riconoscere il nostro posto nello schema delle cose: riconoscere il legame con il mondo intero.

Riflessioni:

43 Dolcezza

La via delle donne è dolce, e vince la durezza. La flessibilità fa spazio per il nuovo. Preziosa è la morbidezza.

Tempesta di vento: la canna si piega ed è salva.
Momenti bui: il muschio mostra la direzione.
Fluendo con le cose, la donna saggia ammorbidisce la roccia più dura.

Riflessioni:

44 Contentezza

FAMA O SINCERITÀ: che cosa preferisci?
Ricchezza o contentezza: cosa stimi di più?
Successo o fallimento: in quale fai più fatica?
Se riponi la tua contentezza negli altri, ti escludi dalla vera contentezza.
Se affidi la tua contentezza alle ricchezze, non la trovi in ciò che sei.
Felicità in ciò che hai: maggiore apprezzamento di ciò che hai.
Consapevolezza che nulla ti manca: armonia nel tuo mondo.

Riflessioni:

45 Collaborare con il Tao

Guardando solo i frammenti è difficile vedere l'insieme.
Il risultato sembra impossibile, ma l'impossibile può accadere.
Costruire il tassello quotidiano può sembrare noioso, ma alla fine il risultato apparirà nel suo insieme.
Lasciando che le cose si succedano naturalmente,
la donna saggia si tiene da parte.

Riflessioni:

46 Paura

D<small>I FRONTE ALL'IGNOTO</small> la donna saggia è cauta: la paura non le impedisce di procedere.
Usa l'energia della paura, trasforma le circostanze in sicurezza, porta i figli con sé.
Se tutto diventa sicurezza, la paura non ha più spazio.
Uomini e donne in armonia.

Riflessioni:

47 Fidarsi delle emozioni

S E NON GIUDICHI i tuoi sentimenti, tutte le possibilità restano aperte.
Fidati delle tue emozioni, e capirai il Tao delle donne.
Più giudizi raccogli, più è difficile capire.
La donna saggia viaggia senza muoversi.
Fidandosi delle emozioni, comprende senza dover sperimentare.

Riflessioni:

48 Riti

Postulando il sacro si postula il profano. Creando opposizione, uno diventa migliore di un altro.

Quando l'ordinario diventa sacro, la vita intera è onorata. I gesti quotidiani diventano riti.

L'agire e il non agire sono il Tao delle donne.

Riflessioni:

49 Famiglia

Ampliando i legami familiari, la donna saggia abbraccia l'umanità.

Collaborando con le madri, crea villaggi per ogni bambino.

Se la famiglia è disarmonica, biasima se stessa e s'impegna di più.

Se la famiglia è armoniosa, riconosce i meriti di ognuno.

L'umanità è la sua famiglia, e lei ne è la madre.

Riflessioni:

50 Ritmi di vita

LA DONNA SAGGIA si affida ai cicli e ai ritmi della vita.
Sa che ogni cosa finisce, sa lasciar andare tutto.
Nessuna irrealtà nella sua mente, nessuna vanità nel suo corpo.
Le sue azioni non sono premeditate:
agisce seguendo le stagioni del cuore.
Non si nega alla vita: sa di essere mortale.
Sa che la rosa ritorna alla terra quando cadono i petali.

Riflessioni:

51 Madre Natura

Cerchi il tao? Osserva Madre natura.
I fiumi che scorrono al mare, gli alberi che cambiano con le stagioni,
la terra che dà cibo, il cactus che fiorisce nel deserto.
La donna saggia aderisce istintivamente alle proprie radici.
Seguire Madre Natura è il Tao delle donne.
Capire viene dall'osservare la realtà delle cose.

Riflessioni:

52 Trovare la via

Il tao è l'origine: tutto proviene dal Tao e tutto vi ritorna.

Se vuoi trovare la via, ritorna all'origine: ripercorri la strada da cui sei venuta.

Dai bambini, si risale ai genitori. Il dolore si scioglie risalendo alla tua origine.

Se vedi il buio significa che c'è luce. Nel ritirarsi sta la forza.

Guarda dentro di te per trovare la via.

La vita non è sempre come sembra: non giudicare, non lasciarti fuorviare dalle apparenze.

Sarai sul giusto cammino.

Riflessioni:

53 Rimanere sul sentiero quando la direzione è smarrita

S E PERDI LA DIREZIONE, rimani tranquilla e la ritroverai.
In te c'è qualcosa che sa dove andare.
   Strada ampia: cammina in compagnia.
   Strada stretta: cammina da sola.
   I ponti che attraversi furono costruiti da chi conosceva la strada.
   Quando pochi sono ricchi e molti sono affamati,
quando i soldi vanno alle bombe invece che ai bambini,
la direzione è perduta e il sentiero è scomparso.
   Fermati e ricorda. Fermandoti, ritroverai la via.

Riflessioni:

54 Le donne che vennero prima

Le donne che vivono nel Tao non sono dimenticate.
Le donne che dialogano con il Tao non si perdono.
Il loro nome è tramandato: sono quelle che vennero prima.
Portando il Tao nella tua vita, sei diventata ciò che devi essere.
Portando il Tao nella tua famiglia, la tua famiglia ne sarà nutrita.
Portando il Tao nel luogo dove vivi, esso insegnerà agli altri luoghi del pianeta.
Portando il Tao nel mondo, si sentirà ovunque una canzone.
Come? Guarda in te stessa.
Ascolta quelle che vennero prima.
Ascolta la tua voce che usa le stesse parole di tua madre.
Le donne che vennero prima non sono dimenticate.

Riflessioni:

55 Invulnerabilità naturale

S E VIVI NEL TAO sei come un giovane albero.
Flessibile il fusto e tenera la corteccia,
ma le radici saldamente ancorate al suolo.
   Non sa come nascono i bambini,
eppure porta in sé una nuova vita.
   Anche se il vento lo costringerà a piegarsi,
non sarà sradicato perché in armonia con la terra.
   La donna saggia possiede un'invulnerabilità naturale.
   Lascia andare e venire senza opporsi e senza desiderare.
   Se non ti aspetti niente, non puoi perdere niente.
   Se non perdi niente, il tuo spirito vive per sempre.

Riflessioni:

56 Creatività

LA MUSA ELARGISCE se ti fermi ad ascoltare il silenzio interiore.

Basta poco per trarre luminose scintille da braci quasi spente.

Il sé aspetta di essere espresso: osserva la mano della ceramista, l'occhio della tessitrice, l'arte dell'impagliatrice.

Lo spirito creativo vive nei lavori delle donne.

Riflessioni:

57 Dall'ordinario all'eroico

SE HAI AMORE per gli uomini e le donne, impara a conoscere il Tao.
Allenta la tua presa sugli altri: la vita baderà a se stessa.
Più regole imponi, meno gente le seguirà.
Più oggetti possiedi, meno ti sentirai sicura.
Più ti occupi degli altri, meno gli altri se la caveranno da soli..
Dice la donna saggia:
"Dimentico le regole, e gli altri seguono le proprie.
Non tengo i cordoni della borsa, e gli altri si occupano del proprio guadagno.
Non predico la religione, e gli altri diventano più spirituali.
Non costringo nessuno alla bontà, e diventano buoni da sé".
La donna eroica ottiene lo straordinario conducendo una vita ordinaria.
Generazioni di donne che allevano i bambini, producono cibo, tessono indumenti, creano famiglie: cosa c'è di più eroico?

Riflessioni:

58 Donarsi

SE LE DONNE SONO rispettate, tutti sono rispettati.
Se le donne sono oppresse, tutti sono repressi e disonesti.

Se i potenti nutrono grandi aspettative, otterranno meschini risultati.

Se glorifichi un altro, lo prepari allo scontento.

Costringendolo all'onestà, scavi le fondamenta della disonestà.

La donna saggia non cerca di controllare gli altri, ma agisce dando l'esempio.

É incisiva, ma non ferisce. É diretta, ma umile. Illumina, ma non acceca.

Soprattutto, rispetta te stessa. Dona tempo, energia e denaro, ma non l'anima.

Se vivi per un altro, non hai più vita propria. Se getti via te stessa, niente ti resta.

Chi rispetterà chi non rispetta se stesso?

Riflessioni:

59 Nutrimento

DARE NUTRIMENTO: modo eccellente per guidare.
Guidare esige compassione. Pazienza sempre e ovunque.
 Decisionalità e impegno fermi, ma flessibili.
 L'uccello nutre istintivamente i suoi piccoli: tutte le possibilità.

Riflessioni:

60 Incubazione

Non aprire il forno troppo presto, non rimescolare senza necessità:
la donna saggia sa che si fa così per la buona lievitazione di una torta.

Concediti tempo e spazi per lievitare al pieno delle tue potenzialità.

Crescendo la tua forza, il male non potrà nuocerti. Saprai come aggirarlo.

Non diventare vittima: l'oppressore svanirà.

Riflessioni:

61 Ricettività

L'OCEANO ACCOGLIE tutti i fiumi.
Accogliendo tutti, non ci sono esclusi.
Rilassati nella comprensione di essere parte di un tutto più vasto.
Il fiume straripa quando il letto è pieno.
Rispetta i tuoi limiti: fai esattamente quanto puoi.

Riflessioni:

62 Detentrici di storie

LE VIE DELLE DONNE sono indispensabili al mondo.
La donna saggia le stima, la donna stolta le schiva.
Lavoro intenso: sicuro risultato.
Massimo impegno: sicuro onore.
Ma le vie delle donne trascendono i risultati:
non si possono comprare o monetizzare.
Se incontri una donna straordinaria siedile accanto.
Guardala e ascoltala mentre intreccia la sua storia con la tua vita.
Perché stimiamo le anziane?
Perché sono detentrici delle storie che collegano le famiglie.

Riflessioni:

63 Discernere: vagliare i semi

AGIRE SENZA AGIRE, fare senza sforzo.
Pensa all'individuo come all'universale, e alle donne come a una famiglia.
Affronta le difficoltà mentre sono ancora minime.
Compi grandi imprese mediante tanti piccoli gesti.
La donna saggia non aspira alla grandezza:
diventa grande quando sorgono le avversità.
Badando ai particolari, il problema si risolve.

Riflessioni:

64 Inizio senza fine

Ciò che è appena nato: facile da nutrire.
Ciò che è nuovo: facile da cambiare.
Ciò che è rigido: facile da spezzare.
Ciò che è non è legato: facile da staccare.
Prevenire prima che le difficoltà si presentino.
Programmare ordinatamente prima di cominciare.
La quercia nasce da una ghianda: un lungo viaggio inizia dal primo passo.
Inizio affrettato: fallimento.
Tentativi di controllo: controllo impossibile.
Forzare un risultato: risultato naturale compromesso.
La donna saggia si affida al corso delle cose: serenità nel flusso.

 简

Riflessioni:

65 Semplicità di schemi

LA DONNA SAGGIA non vuole cambiare nessuno: è un esempio di vita.
Se sei sicura di conoscere il modo giusto, per te sarà difficile cambiare.
Se sai di non conoscerlo è l'inizio del cambiamento.
Se vuoi conoscere le donne, non cercare di cambiarle o controllarle.
La via ordinaria è la più semplice.
Se hai trovato l'accordo con l'ordinario, puoi aiutare le altre a camminare verso il vero sé.

Riflessioni:

66 Collaborare

COLLABORANDO CON GLI ALTRI, la donna saggia compie grandi cose.

Questa è sempre stata la via delle donne.

Cucire coperte, intrecciare canestri, produrre cibo: la comunità è un'unica famiglia.

Isolamento: nessun vantaggio per l'individuo e la comunità.

È bene recuperare l'antica via.

Riflessioni:

67 Farsi regali

N ELLA VITA, la donna saggia impara tre cose:
conoscersi, darsi fiducia, rischiare.
Conoscendosi, imparara a conoscere gli altri.
Dandosi fiducia, impara a dare fiducia agli altri.
Rischiando, impara il coraggio di lasciar andare.
La donna saggia si fa i regali più belli.

Riflessioni:

68 Giocosità

I BAMBINI CREANO le regole del gioco giocando, colorano fuori dai margini, inventano amici immaginari.

L'immaginario diventa reale, la realtà è fantasiosa: nessun confine.

Riflessioni:

69 Pazienza

Piantato il seme, non aspettarti risultati immediati.
C'è molto da fare per aiutare la crescita.
Avanzare richiede spesso di retrocedere.
Cedendo terreno, la donna saggia lo guadagna.

Riflessioni:

70 Spiritualità

L E VIE DELLE DONNE sono le vie dello spirito della Terra.
Come si può capire?
Conscia delle proprie idee e attuando le sue intuizioni,
la donna saggia onora i legami che la caratterizzano.

Riflessioni:

71 Guarire

V̲uoto è opportunità di crescita: è forse l'utero un vuoto sterile?
Accettare i problemi: inizio della guarigione.
Crisi: opportunità di crescita.
La donna saggia conosce la verità ed è sempre pronta a risanarsi.
La guarigione viene dopo la ferita.

Riflessioni:

72 Modellare

QUANDO SI DIMENTICA la propria saggezza si cercano i capi.
Quando non si dà fiducia alla propria saggezza si cercano salvatori.
La donna saggia si tiene nell'ombra, per non venire fraintesa.
Modella il messaggio in modo che gli altri ritrovino la propria saggezza.

Riflessioni:

73 La rete del mondo

Le donne del tao sono in pace: vivono senza competere, parlano senza parole, sanno quando andarsene, agiscono senza controllare.

Il Tao è la rete del mondo.

Anche se c'è spazio tra i fili, nulla lo trapassa.

Fermare ciò che serve, tenerlo con cura, lasciarlo andare dolcemente:

rapporti.

Il Tao delle donne.

Riflessioni:

74 Cambiamento

Sapere che tutto cambia: libertà di lasciar andare.
Se non c'è paura di perdita, tutto è possibile.
Tentare di impedire il cambiamento è volersi sostituire al creatore.
Recitare la parte del creatore aumenta i rischi di perdita.

Riflessioni:

75 Recidere l'eccessivo

PREZZO ECCESSIVO: la gente ne fa a meno.
Paese repressivo: perdita della libertà delle donne.
Collaborando si creano le possibilità.

Riflessioni:

76 Flessibilità

La flessibilità è sopravvivenza.
Il rigido è fragile e si spezza facilmente.
L'elasticità si adatta a ogni situazione;
Rigidità e resistenza richiamano fallimento e morte.
Pieghevole e flessibile, vivi con facilità.
Rigida e inflessibile, vivi con difficoltà.
Dolcezza e flessibilità aiutano a procedere.

Riflessioni:

77 Stabilità

In questo mondo, il Tao è una danza.
La musica armonizza i movimenti.
  Insieme formano la stabilità.
  Chi altera l'equilibrio per interesse personale va contro al Tao.
  Si muove troppo veloce, non segue il tempo della musica.
  L'interesse personale lede l'ordine naturale.
  La donna saggia danza senza fermarsi: non ha mai fine la sua musica.
  Danza senza pensarci, agisce senza stancarsi, stima la cooperazione.
  Armonia con la natura: equilibrio assicurato.
  Radicata nella terra, la donna saggia si muove liberamente al ritmo della sua musica.

Riflessioni:

78 La forza della donna

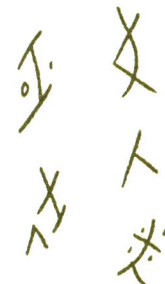

L'ACQUA È CEDEVOLE, ma sgretola la roccia.
Il morbido consuma il duro. Il facile, alla lunga, vince il difficile.
    Tutte lo sanno: poche mettono in atto la dolcezza.
    La donna saggia non arretra di fronte alle difficoltà.
    Rinunciando ad appoggiarsi, è di appoggio agli altri.
    La forza della donna è un paradosso.

Riflessioni:

79 Responsabilità

La donna saggia si assume la responsabilità della propria vita:
non si vittimizza. Supera le ferite e racconta una storia diversa.
Incolpare gli altri non risolve il vittimismo.
Se non vedi in tutto una possibilità di crescita,
la vita potrà sembrarti spesso ingiusta.

Riflessioni:

80 Stabilire le priorità: dire no

S E GUADI UN TORRENTE impetuoso carica dei tuoi ruoli sociali,
annegherai.

La donna saggia sa dire di no, e i bambini imparano a fare da soli.

Sa che è salutare. Fare al posto degli altri crea dipendenza e risentimento.

Riflessioni:

81 Donne che sanno

L E DONNE CHE SANNO tornano a prendere quelle che rimangono indietro.
Ma la donna saggia sta ferma, sapendo che la libertà consiste nel viaggio stesso.
Il Tao delle donne è nutrimento. Il sentiero è chiaro.

Le Autrici

PAMELA METZ vive a Denver, negli Stati Uniti, dove è rettore della *University of Denver Graduate School of Social Work*. Laureata in pedagogia e scienze sociali presso la *Illinois State University*, la *University of Denver* e la *University of Colorado*. Insegna molte materie e la sua trentennale carriera si è svolta presso università e scuole pubbliche e private e presso la innovativa *University Without Walls* (Università Senza Muri). Ha lavorato anche come maestra elementare, come assistente sociale e direttrice didattica. In tutti questi sentieri, la saggezza del Tao è stata la sua guida: lasciar andare, seguire i cicli naturali, avere fiducia.

JACQUELINE TOBIN vive anch'essa a Denver con suo marito e due figli adottivi. Insegna Storia delle donne presso la facoltà di studi femminili della *University of Denver* ed è laureata in pedagogia, studi femminili e assistenza sociale. Come scrittrice freelance viaggia attraverso gli Stati Uniti per raccogliere storie e racconti personali di donne; è la creatrice della *Storyline*, un programma di assistenza educativa sviluppato per raccogliere e conservare storie di vita di donne. Ha lavorato come terapista, educatrice, scrittrice e madre. In tutte queste attività considera se stessa come una studente della Via delle donne.

L'Artista

SHI-HUEI CHENG imparò il *Nu Shu* lavorando a lungo nella Provincia dello Hunan con le poche donne sopravvissute che ancora usavano la scrittura *Nu Shu* e pubblicando alcuni dei manoscritti originali e la loro traduzione in Mandarino. Fece pubblicare il *Nu Shu* originale in un libro della *Awakening Press* di Taiwan nel 1991. La signora Chen ha lavorato come capo redattrice presso la *Awakening Press* e la*Awakening Magazine* ed è membro della *Awakening Foundazion*. Attualmente è la capo redattrice del bimestrale *Eslite Book Review* a Taiwan.

I caratteri tradizionali cinesi del Tao delle Donne sono stati riprodotti da *Lian Xaiochuan* nativo della città di Wuhan, nella provincia di Hubei e ora risiede a New York.

Riflessioni

LE AUTRICI sono interessate, non solo ai vostri commenti sul libro, ma anche alle vostre storie e alla vostra saggezza. Se volete collaborare alla loro ricerca di storie e pensieri di donne, inviate le vostre riflessioni preferite a:

Humanics Limited
Reflections
PO Drawer 77766
ATLANTA, GA.
30357 U.S.A.

Le vostre riflessioni dovrebbero essere scritte in lingua inglese, a macchina e non più lunghe di una pagina. Assicuratevi di aggiungere il vostro nome, indirizzo e telefono anche se le autrici purtroppo non saranno in grado di comunicare con ogni mittente. Inviando le vostre riflessioni, è implicito il fatto che autorizzate le autrici ad includere parte o tutta la vostra corrispondenza nelle loro opere o in ogni futura edizione del *Tao delle Donne* (nei vari paesi in cui è pubblicato - N.d.R.). Evidenziate se avete o meno piacere che il vostro nome compaia.

Bibliografia

Aburdene, P. and J. Naisbitt. *Megatrends for Women*. New York: Villard Books, 1992.

Allen, Paula Gunn. *Spider Woman's Granddaughters: Traditional Tales and Contemporary Writing by Native American Women*. New York: Ballantine Books, 1989.

Anderson, Sherry Ruth and Patricia Hopkins. *The Feminine Face of God, the Unfolding of the Sacred in Women*. New York: Bantam Books, 1991.

Armstrong, Christopher. *Evelyn Underhill: An Introduction to Her Life and Writings*. Oxford: A.B. Mowbray & Co. Ltd., 1975.

Barber, Elizabeth Wayland. *Women's Work: The First 20,000 Years*. New York: W.W. Norton & Co., 1994.

Bateson, Mary Catherine. *Composing a Life*. New York: A Plume Book, Penguin Group, 1989.

Bateson, Mary Catherine. *Peripheral Visions*. New York: Harper Collins, 1994.

Belenky, M., et al. *Women's Ways of Knowing: the Development of Self, Voice and Mind*. New York: Basic Books, Harper Collins, 1986.

Bolen, Jean Shinoda. *Crossing to Avalon*. San Francisco: Harper, 1994.

Bolen, Jean Shinoda. *Goddesses in Everywoman: Psychology of Women*. San Francisco: Harper and Row, 1984.

Bolen, Jean Shinoda. *The Tao of Psychology*. New York: Harper & Row Publishers Inc., 1979.

Boulding, E. *The Underside of History*. Boulder, Colorado: Westview Press Inc., 1976.

Brennan, S. and J. Winklepeck. *Resourceful Woman*. Detroit, Michigan: Visible Inc., 1994.

Brown, R.M. *Starting from Scratch*. New York: Bantam Books, 1988.

Brown, Lyn Mikel and Carol Gilligan. *Meeting at the Crossroads: Women's Psychology and Girl's Development.* New York: Ballantine Books, 1992.

Bruchae, Carol, Linda Hogan and Judith McDaniel. *The Stories We Hold Secret: Tales of Women's Spiritual Development.* Greenfield City, New York: Greenfield Review Press, 1986.

Bukovinsky, Janet. *Women of Words: A Personal Introduction to Thirty-five Important Writers.* Philadelphia: Running Press, 1994.

Cameron, Anne. *Daughters of Copper Woman.* Vancouver, British Columbia: Publishers, 1981.

Campbell, Joseph. *The Hero with a Thousand Faces.* Princeton: Princeton University Press, 1949.

Campbell, Joseph and Charles Muses. *In All Her Names, Explorations of the Feminine in Divinity.* San Francisco: Harper, 1991.

Capra, F. *The Tao of Physics.* New York: Bantam Books, 1975.

Carter, Angela. *The Old Wives Fairy Tale Book.* New York: Pantheon Fairy Tale & Folklore Library, 1990.

Chesler, Phyllis. *Women and Madness.* New York: Avon, a Division of Hearst Corp., 1972.

Chernin, Kim. *Reinventing Eve: Modern Woman in Search of Herself.* New York: Times Books, Random House, 1987.

Christ, Carol P. *Diving Deep and Surfacing: Women on Spiritual Quest.* Boston: Beacon Press, 1980.

Conway, Jill Ker. *True North.* New York: Alfred A. Knopf, 1994.

Cooper, Patricia and Allen, and Norma Bradley. *The Quilters: Women and Domestic Art, an Oral History.* New York: An Anchor Book, Doubleday & Company Inc., 1989.

Dalton, Jerry O. *The Tao Te Ching: Backward Down the Path.* Atlanta, Georgia: Humanics New Age, 1994.

de Balza, Honore. *Seraphita.* New York: Steiner Books, 1976.

de Castillejo, Irene Claremont. *Knowing Woman: A Feminine Psychology.* New York: Harper Colophon Books, 1973.

Dillard, A. *The Writing Life.* New York: Harper & Row Publishers, 1989.

Dreher, D. *The Tao of Peace.* New York: Donald I. Fine Inc., 1990.

Duerk, Judith. *Circle of Stones: Woman's Journey to Herself.* San Diego: Luramedia, 1989.

Duncan, Isadora. *My Life*. New York: Garden City Publishing Co., 1927.

Edgerly, Lois Stiles. *Women's Words, Women's Stories, An American Daybook*. Gardiner, Maine: Tilbury House, 1994.

Eliade, Mircea. *Rites and Symbols of Initiation: The Mysteries of Birth and Rebirth*. New York: Harper Torchbooks, 1958.

Feng, G. and J. English. *Lao Tsu: Tao te Ching*. New York: Alfred A. Knopf Inc., 1972.

Fields, R. et al. *Chop Wood, Carry Water*. Los Angeles: Jeremy P. Tarcher Inc., 1984.

Fierz, David and Linda. *Women's Dionysian Initiation: The Villa of Mysteries in Pompei*. Dallas: Spring Publications, 1988.

Flagg, Fannie. *Fried Green Tomatoes at the Whistle Stop Cafe*. New York: McGraw-Hill Book Co., 1987.

French, David J. *In Search of the Real Me: Achieving Personal Balance*. Atlanta, Georgia: Humanics New Age, 1992.

Gilligan, Carol. *In a Different Voice*. Cambridge, Massachusetts: Harvard University Press, 1982.

Goldberg, N. Long *Quiet Highway*. New York: Bantam Books, 1993.

Goldberg, N. *Wild Mind*. New York: Bantam Books, 1990.

Goldberg, N. Writing *Down the Bones*. Boston: Shambhala, 1986.

Grigg, Ray. *The Tao of Being: A Think and Do Workbook*. Atlanta, Georgia: Humanics NewAge, 1994.

Grigg, Ray. *The Tao of Relationships: A Balancing of Man and Woman*. Atlanta, Georgia: Humanics New Age, 1988.

Haggard, H. Rider. *She*. Amsterdam: Quick Fox, 1981.

Hall, Nor. *The Moon and the Virgin - Reflections on the Archetypal Feminine*. New York: Harper and Row Publishers, 1980.

Hall, Nor. *Mothers and Daughters*. Minneapolis: Rusoff Books, 1976.

Harding, M. Esther. *Woman's Mysteries Ancient and Modern*. New York: G.P. Putnam's Sons, 1971.

Heider, John. *The Tao of Leadership*. Atlanta, Georgia: Humanics New Age, 1986.

Heilbrun, Carolyn G. *Hamlet's Mother an Other Women*. New York: Ballantine Books, 1990.

Heilbrun, Carolyn G. *Writing a Woman's Life*. New York: Ballantine Books. 1988.

Hillman, James. *Facing the Gods*. Dallas: Spring Publications, 1980.

Hurston, Zora Neale. *Their Eyes Were Watching God*. New York: Perennial Library, Harper Row, 1973.

James, E.O. *The Cult of the Mother Goddess: An Archeological and Documentary Study*. New York: Frederick A Praeger Publishers, 1959.

Johnson, Robert A. *She: Understanding Feminine Psychology*. Religious Publishing Co., 1976.

Jung, C.G. and C. Kereny. *Essays on a Science of Mythology: The Myth of the Divine Child and the Mysteries of Eleusis*. Princeton: Princeton University Press, 1969.

Keen, Sam and Anne Valley-Fox. *Your Mythic Journey: Finding Meaning in Your Life Through Writing and Storytelling*. Los Angeles: Jeremy Tarcher, 1973.

Kerenyi, Karl. *Goddesses of Sun and Moon*. Dallas: Spring Publications, 1979.

Kerenyi, Karl. *Eleusis: Archetypal Image of Mother and Daughter*. New York: Schocken Books, 1977.

Kingston, Maxine Hong. *The Woman Warrior: Memoirs of a Childhood Among Ghosts*. New York: Vintage International - Vintage Books, 1989.

Koller, Alice. *An Unknown Woman, A Journey of Self-discovery*. New York: Bantam Books, 1981.

Koppelman, Susan. *Women's Friendships: A Collection of Short Stories*. Norman: University of Oklahoma Press, 1991.

Leary, Lewis. *Kate Chopin: The Awakening and Other Stories*. New York: Holt, Rinehart & Winston Inc., 1970.

Leary, Timothy. *Psychedelic Prayers: After the Tao te Ching*. Kerkonkson, New York: Poets Press, 1966.

Leguin, Ursula K. *Dancing at the Edge of the World*. New York: Grove Press, 1989.

Lessing, Doris. *The Golden Notebook*. New York: Bantam Books, Simon & Shuster, 1962.

Levertov, Denise. *Breathing the Water*. New York: A New Directions Book, 1984.

Lifshin, Lyn. *Ariadne's Thread, A Collection of Contemporary Women's Journals*. New York: Harper Colophon, 1982.

Lindbergh, Anne Morrow. *Gift from the Sea*. New York: Vintage Books, Random House, 1955.

Lowinsky, Naomi Ruth. *Stories from the Motherline, Reclaiming the Mother-Daughter Bond, Finding Our Feminine Souls*. Los Angeles: Jeremy P. Tarcher, 1992.

Luke, Helen. *Kaleidoscope: The Way of Woman & Other Essays*. New York: Parabola Books, 1992.

Mairs, Nancy. *Remembering the Bone House*. New York: Perennial Library, Harper & Row 1989.

Metz, Pamela. *The Tao of Learning*. Atlanta, Georgia, Humanics New Age, 1994.

Middleton, Ruth. *Alexandra David-Neel: Portrait of an Adventurer*. Boston: Shambhala Publications, 1989.

Mitchell, S. *Tao te Ching*. New York: Harper & Row Publishers Inc., 1988.

Moon, Sheila. *Changing Woman & Her Sisters*. San Francisco: Guild for Psychological Studies Publishing House, 1984.

Moore, Rickie. *A Goddess in My Shoes: Seven Stevs to Peace*. Atlanta, Georgia: Humanics New Age, 1988.

Murdock, Maureen. *The Heroine's Journey:Woman's Quest forWholeness*. Boston: Shambhala, 1990.

Nelson, Gertrude Mueller. *Here All Dwelt Free: Stories to Heal the Wounded Feminine*. New York: Doubleday & Company Inc., 1991.

Newman, Molly and Barbara Damashek. *Quilters:A Play*. NewYork: Dramatists Play Service Inc., 1986.

Niethammer, Carolyn. *Daughters of the Earth:The Lives & Legends of American Indian Women*. New York: Collier Books, Macmillan, 1977.

Oakes, Maud. *The Stone Speaks:The Memoir of a Personal Transformation*. Wilmette, Illinois: Chiron Publications, 1987.

Oliver, Mary. *New and Selected Poems*. Boston: Beacon Press, 1992.

Olsen, Tillie. *Silences*. New York: Delta Seymour Lawrence, Dell Publishing, 1965.

Pearson, Carol and Katherine Pope. *The Female Hero in American and British Literature*. New York: R.R. Bowker Co., 1981.

Pijoan, Teresa. *White Wolf Woman and Other Native American Transformation Myths*. Little Rock: August House Publishers Inc., 1992.

Plaskow, Judith and Carol P. Christ. *Weaving theVisions: New Patterns in Feminist Spirituality*. San Francisco: Harper, 1989.

Pomeroy, Sarah B. *Goddesses, Whores, Wives and Slaves: Women in Classical Antiquity.* New York: Schocken Books, 1975.

Rose, Phyllis (ed.). *The Norton Book of Women's Lives.* New York: Norton & Co., 1993.

Russell, Willy. *Shirley Valentine.* New York: Samuel French Inc., 1988.

Sarton, May. *Journal of a Solitude.* New York: Norton & Co., 1973.

Schreiner, Olive. *Dreams.* Pacific Grove, California: Select Books, 1971.

Scott-Maxwell, F. *The Measure of My Days.* New York: Alfred A. Knopf, 1968.

Sewell, Marilyn. *Cries of the Spirit: A Celebration of Women's Spirituality.* Boston: Beacon Press, 1991.

Shange, Ntozake. *For Colored Girls Who Have Considered Suicide When the Rainbow is Enuf.* New York: Collier Books, Macmillan Publishing, 1975.

Simpkinson, Charles and Anne. *Sacred Stories: A Celebration of the Power of Stories to Transform and Heal.* San Francisco: Harper, 1993.

Sojourner, Mary. *Sisters of the Dream.* Arizona: Northland Publishing, 1989.

Stein, D. *The Kwan Yin Book of Changes.* St Paul, Minnesota: Llewellyn Publications, 1985.

Ulanov, Ann Belford. *The Feminine.* Evanston: Northwestern University Press, 1971.

Ulanov, Ann Belford. *Receiving Woman: Studies in the Psychology and Theology of the Feminine.* Philadelphia: Westminster Press, 1981.

Ullman, Liv. *Changing.* New York: Alfred A. Knopf, 1977.

Walker, Alice. *In Search of Mother's Garden.* Harvest/HBJ Books, Harcourt Brace Jovanovich Publishers, 1983.

Walker, B. *The Woman's Dictionary of Symbols and Sacred Objects.* San Francisco: Harper & Row, 1988.

Wall, Steve. *Wisdom's Daughters: Conversations with Women Elders of Native America.* New York: Harper Collins, 1993.

Waters, Frank. *The Woman at Otowi Crossing.* Athens: Swallow Press, Ohio University Press, 1987.

Wheelwright, Jane Hollister. *The Death of a Woman: How a Life Became Complete.* New York: St Martin's Press, 1981.

Whyte, David. *Where Many Rivers Meet.* Langley, Washington: Many Rivers Press, 1993.

Whyte, David. *Fire in the Earth.* Langley, Washington: Many Rivers Press, 1992.

Wolkstein, Diane and Samuel Noah Kramer. *Inanna - Queen of Heaven and Earth: Her Stories and Hymns from Sumer.* New York: Harper Colophon Books, 1983.

Woolf, Virginia. *A Room of One's Own.* Troy, New Jersey: Harvest/HBJ Books, Harcourt Brace Jovanovich Publishers, 1929.

Wing, R.L. *The Illustrated I Ching.* New York: Doubleday & Company Inc., 1982.

Wing, R.L. *The Tao of Power.* New York: Doubleday & Company Inc., 1986.

Sommario

INTRODUZIONE .... PAG. 7
1 USCIRE ALLO SCOPERTO .... PAG. 11
2 L'OPERA DELLE DONNE .... PAG. 13
3 LA DONNA INTELLIGENTE .... PAG. 15
4 CONTENERE .... PAG. 17
5 EQUILIBRIO .... PAG. 19
6 UTERO .... PAG. 21
7 LEGAME .... PAG. 23
8 FLUIRE .... PAG. 25
9 PIENEZZA .... PAG. 27
10 GENERARE .... PAG. 29
11 TRA LE FORME .... PAG. 31
12 INTUIZIONE .... PAG. 33
13 IL SUO SÉ, SE STESSA .... PAG. 35
14 SAGGEZZA .... PAG. 37
15 DONNE SAGGE .... PAG. 39
16 CICLI .... PAG. 41
17 LEVATRICI .... PAG. 43
18 DIMENTICARE / RICORDARE .... PAG. 45
19 FLUIRE DAL CENTRO .... PAG. 47
20 SOLITUDINE .... PAG. 49
21 RIFLETTERE .... PAG. 51
22 SPECCHIARE .... PAG. 53
23 INCARNARE .... PAG. 55
24 RADICARSI .... PAG. 57
25 SORGENTE .... PAG. 59
26 DIMORA .... PAG. 61
27 VIAGGIARE .... PAG. 63
28 OPPOSTI .... PAG. 65

29 STAGIONI PAG.67
30 CORAGGIO PAG.69
31 SILENZIO PAG.71
32 DONNE E UOMINI: IL TAO PAG.73
33 SONOSCERE SE STESSE PAG.75
34 MISTERI FEMMINILI PAG.77
35 VAMMINARE SUL SACRO SENTIERO PAG.79
36 LA fflA DELLE DONNE PAG.81
37 TRASFORMAZIONE PAG.83
38 LA PROPRIA STORIA PAG.85
39 FRAMMENTI DEL TUTTO PAG.87
40 RITORNO PAG.89
41 SENTIERO PAG.91
42 COMUNITÀ DI UNICITÀ PAG.93
43 DOLCEZZA PAG.95
44 CONTENTEZZA PAG.97
45 COLLABORARE CON IL TAO PAG.99
46 PAURA PAG.101
47 FIDARSI DELLE EMOZIONI PAG.103
48 RITI PAG.105
49 FAMIGLIA PAG.107
50 RITMI DI VITA PAG.109
51 MADRE NATURA PAG.111
52 TROVARE LA VIA PAG.113
53 RIMANERE SUL SENTIERO QUANDO LA DIREZIONE È SMARRITA PAG.115
54 LE DONNE CHE VENNERO PRIMA PAG.117
55 INVULNERABILITÀ NATURALE PAG.119
56 CREATIVITÀ PAG.121
57 DALL'ORDINARIO ALL'EROICO PAG.123
58 DONARSI PAG.125
59 NUTRIMENTO PAG.127
60 INCUBAZIONE PAG.129
61 RICETTIVITÀ PAG.131
62 DETENTRICI DI STORIE PAG.133
63 DISCERNERE: VAGLIARE I SEMI PAG.135
64 INIZIO SENZA FINE PAG.137
65 SEMPLICITÀ DI SCHEMI PAG.139

66 COLLABORARE	PAG. 141
67 FARSI REGALI	PAG. 143
68 GIOCOSITÀ	PAG. 145
69 PAZIENZA	PAG. 147
70 SPIRITUALITÀ	PAG. 149
71 GUARIRE	PAG. 151
72 MODELLARE	PAG. 153
73 LA RETE DEL MONDO	PAG. 155
74 CAMBIAMENTO	PAG. 157
75 RECIDERE L'ECCESSIVO	PAG. 159
76 FLESSIBILITÀ	PAG. 161
77 STABILITÀ	PAG. 163
78 LA FORZA DELLA DONNA	PAG. 165
79 RESPONSABILITÀ	PAG. 167
80 STABILIRE LE PRIORITÀ: DIRE NO	PAG. 169
81 DONNE CHE SANNO	PAG. 171
LE AUTRICI	PAG. 172
L'ARTISTA	PAG. 172
RIFLESSIONI	PAG. 173
BIBLIOGRAFIA	PAG. 174

Finito di stampare
nel mese di novembre 1996
dalle Nuove Grafiche Artabano di Omegna
Printed in Italy

www.ingramcontent.com/pod-product-compliance
Lightning Source LLC
Chambersburg PA
CBHW032255150426
43195CB00008BA/468